ORAÇÕES E DEVOÇÕES PARA TODAS AS HORAS

ORAÇÕES E DEVOÇÕES PARA TODAS AS HORAS

petra

Direitos de edição da obra em língua portuguesa no Brasil adquiridos pela PETRA EDITORIAL LTDA. Todos os direitos reservados. Nenhuma parte desta obra pode ser apropriada e estocada em sistema de banco de dados ou processo similar, em qualquer forma ou meio, seja eletrônico, de fotocópia, gravação etc., sem a permissão do detentor do copirraite.

PETRA EDITORA
Rua Candelária, 60 — 7º andar — Centro — 20091-020
Rio de Janeiro — RJ — Brasil
Tel.: (21) 3882-8200

Vetor da imagem de capa: Dylan Lake, Vectorisation of Simple Labarum.gif, Domínio público.

DADOS INTERNACIONAIS DE
CATALOGAÇÃO NA PUBLICAÇÃO (CIP)

P493o
Petra   Orações e devoções para todas as horas/
         Petra. – Rio de Janeiro:Petra, 2021.
         224p.
         ISBN 978-65-8844-450-4

         1.Cristianismo. I.Título.

                                    CDD: 230
                                    CDU: 27

André Queiroz – CRB-4/2242

Orações de sempre

Sinal da Cruz

Pelo sinal † da Santa Cruz, livrai-nos Deus, † Nosso Senhor, dos nossos † inimigos.

Em nome do Pai, do Filho † e do Espírito Santo. Amém.

Pai-nosso

Pai nosso que estais nos céus,
santificado seja o vosso nome;
venha a nós o vosso reino,
seja feita a vossa vontade
assim na terra como no céu.
O páo nosso de cada dia nos dai hoje;
perdoai-nos as nossas ofensas
assim como nós perdoamos a quem nos tem ofendido,

e não nos deixeis cair em tentação,
mas livrai-nos do mal.
Amém.

Ave-Maria

Ave, Maria, cheia de graça,
o Senhor é convosco,
bendita sois Vós entre as mulheres
e bendito é o fruto do vosso ventre, Jesus.
Santa Maria, Mãe de Deus,
rogai por nós, pecadores,
agora e na hora da nossa morte.
Amém.

Glória

Glória ao Pai,
ao Filho
e ao Espírito Santo.
Assim como era no princípio,
agora e sempre.
Amém.

OFERECIMENTO DAS OBRAS DO DIA

Eu Vos adoro, meu Deus, e Vos amo com todo o coração.
Dou-Vos graças por me terdes criado, feito cristão e conservado nesta noite.
Ofereço-Vos as ações deste dia; fazei que sejam todas segundo a Vossa santa vontade
para maior glória Vossa.
Preservai-me do pecado e de todo o mal.

A Vossa graça seja sempre comigo e com todos os que me são caros. Amém.

ATO DE FÉ

Eu creio firmemente que há um só Deus, em três Pessoas realmente distintas: Pai, Filho e Espírito Santo. Creio que o Filho de Deus se fez Homem, padeceu e morreu na cruz para nos salvar, e que ao terceiro dia ressuscitou. Creio em tudo o que crê e ensina a Santa Igreja Católica e Apostólica, porque Deus, verdade infalível, lhe revelou. E nesta fé quero viver e morrer.
Amém.

Ato de esperança

Eu espero, meu Deus, com firme confiança, que pelos merecimentos do meu Senhor Jesus Cristo me dareis a salvação eterna e as graças necessárias para consegui--la, porque Vós, sumamente bom e poderoso, a haveis prometido a quem observar fielmente os Vossos mandamentos e o Evangelho de Jesus Cristo, como eu proponho fazer com o Vosso auxílio.

Ato de caridade

Eu Vos amo, meu Deus, de todo o meu coração e sobre todas as coisas, porque sois infinitamente bom e amável, e antes quero perder tudo do que Vos ofender. Por amor de Vós, amo o meu próximo como a mim mesmo. Senhor, fazei que eu Vos ame sempre mais!

Ato de Abandono

Ó meu Deus, eu não sei o que hoje me há de suceder, ignoro-o por completo; mas sei certamente que nada poderá acontecer-me que Tu não tenhas previsto, regulado e ordenado de toda a eternidade, e isto me basta. Adoro os Teus desígnios impenetráveis e eternos e a eles me submeto de todo o coração. Quero tudo, aceito tudo e uno o meu sacrifício ao de Jesus Cristo, meu divino Salvador. Peço--Te, em Seu nome e pelos Seus

merecimentos infinitos, paciência nas minhas penas e submissão perfeita e inteira a tudo o que me suceder segundo Teu divino beneplácito.
Assim seja.

Ato de Contrição

Senhor, eu me arrependo sinceramente de todo mal que pratiquei e do bem que deixei de fazer. Pecando, eu vos ofendi, meu Deus e meu sumo bem, digno de ser amado sobre todas as coisas. Prometo firmemente, ajudado com a vossa graça, fazer penitência e fugir às ocasiões de pecado.
Amém.

Credo dos Apóstolos

Creio em Deus Pai todo-poderoso,
criador do céu e da terra;
e em Jesus Cristo, seu único Filho,
Nosso Senhor;
que foi concebido pelo poder do
Espírito Santo;
nasceu da Virgem Maria,
padeceu sob Pôncio Pilatos,
foi crucificado, morto e sepultado;
desceu à mansão dos mortos;
ressuscitou ao terceiro dia;
subiu aos céus,

está sentado à direita de Deus Pai
todo-poderoso,
donde há de vir a julgar os vivos e
os mortos;
creio no Espírito Santo,
na santa Igreja Católica,
na comunhão dos santos,
na remissão dos pecados,
na ressurreição da carne,
na vida eterna.
Amém.

Credo niceno-constantinopolitano

Creio em um só Deus,
Pai Todo-Poderoso,
criador do céu e da terra,
de todas as coisas visíveis e invisíveis.
Creio em um só Senhor, Jesus Cristo,
Filho Unigênito de Deus,
nascido do Pai antes de todos os séculos:
Deus de Deus,
luz da luz,
Deus verdadeiro de Deus verdadeiro,
gerado, não criado,
consubstancial ao Pai.

Por Ele todas as coisas foram feitas.
E por nós, homens,
e para nossa salvação,
desceu dos céus:
e se encarnou pelo Espírito Santo,
no seio da Virgem Maria,
e se fez homem.
Também por nós foi crucificado
sob Pôncio Pilatos;
padeceu e foi sepultado.
Ressuscitou ao terceiro dia,
conforme as Escrituras,
e subiu aos céus,
onde está sentado à direita do Pai.
E de novo há de vir,
em sua glória,
para julgar os vivos e os mortos;
e o seu reino não terá fim.
Creio no Espírito Santo,

Senhor que dá a vida,
e procede do Pai e do Filho;
e com o Pai e o Filho é adorado e glorificado:
ele que falou pelos profetas.
Creio na Igreja, una, santa, católica e apostólica.
Professo um só batismo para remissão dos pecados.
E espero a ressurreição dos mortos e a vida do mundo que há de vir.
Amém.

Ao Anjo da Guarda

Santo Anjo do Senhor,
meu zeloso guardador,
se a ti me confiou a piedade divina,
sempre me rege,
me guarda,
me governa,
me ilumina.
Amém.

Oração pelo Papa

℣. Oremos pelo nosso Beatíssimo Papa [*nome*].
℟. O Senhor o conserve, lhe dê vida e o torne feliz na terra, e não o entregue em poder dos seus inimigos.

Ó Deus, que na vossa Providência quisestes edificar a vossa Igreja sobre São Pedro, chefe dos Apóstolos, fazei que o nosso Papa [*nome*], que constituístes sucessor de Pedro, seja para o vosso povo o princípio e o fundamento visível

da unidade da fé e da comunhão na caridade. Por Nosso Senhor Jesus Cristo, vosso Filho, na unidade do Espírito Santo.
Amém.

Orações e devoções à Santíssima Trindade

Te Deum

Nós Vos louvamos,
ó Deus,
nós Vos
bendizemos, Senhor.
Toda a terra Vos adora,
Pai eterno e omnipotente.
Os Anjos, os Céus
e todas as Potestades,
os Querubins e os Serafins
Vos aclamam sem cessar:
Santo, Santo, Santo,
Senhor Deus do Universo,
o céu e a terra proclamam a
vossa glória.

O coro glorioso dos Apóstolos,
a falange venerável dos Profetas,
o exército resplandecente
dos Mártires
cantam os vossos louvores.
A santa Igreja anuncia por toda
a terra
a glória do vosso nome:
Deus de infinita majestade,
Pai, Filho e Espírito Santo.
Senhor Jesus Cristo, Rei da glória,
Filho do Eterno Pai,
para salvar o homem, tomastes
a condição humana no seio da
Virgem Maria.
Vós despedaçastes as cadeias
da morte
e abristes as portas do céu.

Vós estais sentado à direita
de Deus,
na glória do Pai,
e de novo haveis de vir para julgar
os vivos e os mortos.
Socorrei os vossos servos, Senhor,
que remistes com vosso
Sangue precioso;
e recebei-os na luz da glória,
na assembleia dos vossos Santos.
Salvai o vosso povo, Senhor,
e abençoai a vossa herança;
sede o seu pastor e guia através
dos tempos
e conduzi-o às fontes da
vida eterna.
Nós Vos bendiremos todos os dias
da nossa vida

e louvaremos para sempre o
vosso nome.

Dignai-Vos, Senhor, neste dia,
livrar-nos do pecado.

Tende piedade de nós,
Senhor, tende piedade de nós.

Desça sobre nós a vossa misericórdia,
porque em Vós esperamos.

Em Vós espero, meu Deus,
não serei confundido eternamente.

Credo de Santo Atanásio

Quem quiser salvar-se deve antes de tudo professar a fé católica.

Porque aquele que não a professar, integral e inviolavelmente, perecerá sem dúvida por toda a eternidade.

A fé católica consiste em adorar um só Deus em três Pessoas e três Pessoas em um só Deus.

Sem confundir as Pessoas nem separar a substância.

Porque uma só é a Pessoa do Pai, outra a do Filho, outra a do Espírito Santo.

Mas uma só é a divindade do Pai, e do Filho, e do Espírito Santo, igual a glória, coeterna a majestade.

Tal como é o Pai, tal é o Filho, tal é o Espírito Santo.

O Pai é incriado, o Filho é incriado, o Espírito Santo é incriado.

O Pai é imenso, o Filho é imenso, o Espírito Santo é imenso.

O Pai é eterno, o Filho é eterno, o Espírito Santo é eterno.

E contudo não são três eternos, mas um só eterno.

Assim como não são três incriados, nem três imensos, mas um só incriado e um só imenso.

Da mesma maneira, o Pai é onipotente, o Filho é onipotente, o Espírito Santo é onipotente.

E contudo não são três onipotentes, mas um só onipotente.

Assim o Pai é Deus, o Filho é Deus, o Espírito Santo é Deus.

E contudo não são três deuses, mas um só Deus.

Do mesmo modo, o Pai é Senhor, o Filho é Senhor, o Espírito Santo é Senhor.

E contudo não são três Senhores, mas um só Senhor.

Porque, assim como a verdade cristã nos manda confessar que cada uma das Pessoas é Deus e Senhor, do mesmo modo a religião católica nos proíbe dizer que são três deuses ou senhores.

O Pai não foi feito, nem gerado, nem criado por ninguém.

O Filho procede do Pai; não foi feito, nem criado, mas gerado.

O Espírito Santo não foi feito, nem criado, nem gerado, mas procede do Pai e do Filho.

Não há, pois, senão um só Pai, e não três Pais; um só Filho, e não três Filhos; um só Espírito Santo, e não três Espíritos Santos.

E nesta Trindade não há nem mais antigo nem menos antigo, nem maior nem menor, mas as três Pessoas são coeternas e iguais entre si. De sorte que, como se disse acima, em tudo se deve adorar a unidade na Trindade e a Trindade na unidade.

Quem, pois, quiser salvar-se, deve pensar assim a respeito da Trindade.

Mas, para alcançar a salvação, é necessário ainda crer firmemente na Encarnação de Nosso Senhor Jesus Cristo.

A pureza da nossa fé consiste, pois, em crer ainda e confessar que Nosso Senhor Jesus Cristo, Filho de Deus, é Deus e homem.

É Deus, gerado na substância do Pai desde toda a eternidade; é homem porque nasceu, no tempo, da substância da sua Mãe.

Deus perfeito e homem perfeito, com alma racional e carne humana.

Igual ao Pai segundo a divindade; menor que o Pai segundo a humanidade.

E embora seja Deus e homem, contudo não são dois, mas um só Cristo.

É um, não porque a divindade se tenha convertido em humanidade, mas porque Deus assumiu a humanidade.

Um, finalmente, não por confusão de substâncias, mas pela unidade da Pessoa.

Porque, assim como a alma racional e o corpo formam um só homem, assim também a divindade e a humanidade formam um só Cristo.

Ele sofreu a morte por nossa salvação, desceu aos infernos e ao terceiro dia ressuscitou dos mortos. Subiu aos Céus e está sentado à direita de Deus Pai todo-poderoso, donde há de vir a julgar os vivos e os mortos.

E quando vier, todos os homens ressuscitarão com os seus corpos, para prestar contas dos seus atos.

E os que tiverem praticado o bem irão para a vida eterna, e os maus para o fogo eterno.

Esta é a fé católica, e quem não a professar fiel e firmemente não se poderá salvar.

Deprecação à Santíssima Trindade

Pai Eterno, Onipotente Deus,
Que toda criatura Vos ame e glorifique.
Verbo divino, imenso Deus,
Que toda criatura Vos ame e glorifique.
Espírito Santo, infinito Deus,
Que toda criatura Vos ame e glorifique.
Santíssima Trindade e um só Deus verdadeiro,

Que toda criatura Vos ame e glorifique.

Rei dos Céus, imortal e invencível,
Que toda criatura Vos ame e glorifique.

Criador, conservador e governador de toda a criação,
Que toda criatura Vos ame e glorifique.

Vida Nossa, em quem, de quem e por quem vivemos,
Que toda criatura Vos ame e glorifique.

Vida Divina e uma em três Pessoas,
Que toda criatura Vos ame e glorifique.

Céu divino de excelsitude majestosa,
Que toda criatura Vos ame e glorifique.

Céu supremo do Céu, oculto aos homens,
Que toda criatura Vos ame e glorifique.
Sol divino e incriado,
Que toda criatura Vos ame e glorifique.
Círculo perfeitíssimo de capacidade infinita,
Que toda criatura Vos ame e glorifique.
Manjar divino dos Anjos,
Que toda criatura Vos ame e glorifique.
Belo íris, arco de Clemência,
Que toda criatura Vos ame e glorifique.
Astro primeiro e trino, que iluminais o mundo,

Que toda criatura Vos ame e glorifique.

De todo o mal de alma e corpo
Livrai-nos, trino Senhor!
De todo pecado e ocasião de culpa
Livrai-nos, trino Senhor!
De vossa ira e indignação
Livrai-nos, trino Senhor!
Da morte repentina e imprevista
Livrai-nos, trino Senhor!
Das insídias e assaltos do demônio
Livrai-nos, trino Senhor!
Do Espírito de desonestidade e das suas sugestões
Livrai-nos, trino Senhor!
Da concupiscência da carne
Livrai-nos, trino Senhor!
De toda ira, ódio e má vontade

Livrai-nos, trino Senhor!
De pragas, de peste, fome, guerra e terremoto
Livrai-nos, trino Senhor!
Dos inimigos da fé católica
Livrai-nos, trino Senhor!
De nossos inimigos e suas maquinações
Livrai-nos, trino Senhor!
Da morte eterna
Livrai-nos, trino Senhor!
Por vossa unidade em Trindade e Trindade em unidade,
Livrai-nos, trino Senhor!
Pela igualdade essencial de vossas pessoas,
Livrai-nos, trino Senhor!
Pela sublimidade do mistério de vossa Trindade,

Livrai-nos, trino Senhor!
Pelo inefável nome de vossa Trindade,
Livrai-nos, trino Senhor!
Pelo Poder de vosso nome, Uno e trino,
Livrai-nos, trino Senhor!
Pelo muito que Vos agradam as almas que são devotas de vossa Santíssima Trindade,
Livrai-nos, trino Senhor!
Pelo grande amor com que livrais de males os povos donde há algum devoto de vossa Trindade amável,
Livrai-nos, trino Senhor!
Pela virtude divina que nos devotos de vossa Trindade Santíssima

reconhecem os demônios contra si mesmos,
Livrai-nos, trino Senhor!

Nós, pecadores,
Rogamo-Vos, ouvi-nos!
Que saibamos resistir ao demônio com as armas da devoção a vossa Trindade.
Rogamo-Vos, ouvi-nos!
Que embelezeis cada dia mais, com as cores de Vossa graça, Vossa imagem que está em nossas almas.
Rogamo-Vos, ouvi-nos!
Que todos os fiéis se esmerem em ser muito devotos de Vossa Santíssima Trindade.
Rogamo-Vos, ouvi-nos!

Que todos alcancemos as muitas felicidades que estão vinculadas para os devotos dessa Vossa Trindade adorável.

Rogamo-Vos, ouvi-nos!

Que ao confessarmos os mistérios de Vossa Trindade, se desfaçam os erros dos infiéis.

Rogamo-Vos, ouvi-nos!

Que todas as almas do purgatório gozem de muito refrigério em virtude do mistério de Vossa Trindade.

Rogamo-Vos, ouvi-nos!

Que Vos digneis ouvir-nos por vossa piedade!

Rogamo-Vos, ouvi-nos!

Santo Deus, Santo forte, Santo imortal, livrai-nos, Senhor, de todo mal.
Santo Deus, Santo forte, Santo imortal, livrai-nos, Senhor, de todo mal.
Santo Deus, Santo forte, Santo imortal, livrai-nos, Senhor, de todo mal.
Amém.

Orações e devoções a Jesus Cristo

Consagração ao Sagrado Coração

Eu me dou e consagro ao Sagrado Coração de nosso Senhor Jesus Cristo: minha pessoa e minha vida, minhas ações, meus trabalhos e meus sofrimentos, a fim de no futuro pregar tudo quanto sou e tenho, unicamente para sua honra, amor e glória. É minha resolução irrevogável ser inteiramente dele e fazer tudo por seu amor, renunciando de todo o meu coração a tudo que lhe puder desagradar.

Portanto, ó Coração Sagrado, eu vos escolho para único objeto de meu amor, para protetor de minha vida, penhor de minha salvação, amparo de minha fragilidade e inconstância, reparação de todas as faltas de minha vida e asilo seguro na hora de minha morte. Coração de ternura e bondade, sede Vós minha justificação diante de Deus vosso Pai e afastai de mim os castigos de sua justa cólera. Coração de amor, em Vós ponho toda a minha confiança; de minha fraqueza e maldade tudo temo, mas de Vossa bondade tudo espero. Consumi, pois, em mim, tudo o que puder desagradar-vos ou se opor a Vós. Imprimi o Vosso pu-

ro amor tão firmemente no meu coração, que nunca mais Vos possa esquecer nem nunca possa de vós me separar, Coração Sagrado; eu vos conjuro, por toda a Vossa bondade, que o meu nome seja profundamente gravado em Vós, pois eu quero que toda a minha felicidade e glória seja viver e morrer no Vosso serviço.
Amém.

Ladainha do Sagrado Coração

Senhor, *tende piedade de nós.*
Jesus Cristo, *tende piedade de nós.*
Senhor, *tende piedade de nós.*

Jesus Cristo, *ouvi-nos.*
Jesus Cristo, *atendei-nos.*

Pai celeste, que sois Deus, *tende piedade de nós.*
Filho, Redentor do mundo, que sois Deus, *tende piedade de nós.*

Espírito Santo, que sois Deus, *tende piedade de nós*.
Santíssima Trindade, que sois um só Deus, *tende piedade de nós*.

Coração de Jesus, Filho do Pai eterno, *tende piedade de nós*.
Coração de Jesus, formado pelo Espírito Santo no seio da Virgem Mãe, *tende piedade de nós*.
Coração de Jesus, unido substancialmente ao Verbo de Deus, *tende piedade de nós*.
Coração de Jesus, de majestade infinita, *tende piedade de nós*.
Coração de Jesus, templo santo de Deus, *tende piedade de nós*.
Coração de Jesus, tabernáculo do Altíssimo, *tende piedade de nós*.

Coração de Jesus, casa de Deus e porta do Céu, *tende piedade de nós*.

Coração de Jesus, fornalha ardente de caridade, *tende piedade de nós*.

Coração de Jesus, receptáculo de justiça e de amor, *tende piedade de nós*.

Coração de Jesus, cheio de bondade e de amor, *tende piedade de nós*.

Coração de Jesus, abismo de todas as virtudes, *tende piedade de nós*.

Coração de Jesus, digníssimo de todo o louvor, *tende piedade de nós*.

Coração de Jesus, Rei e centro de todos os corações, *tende piedade de nós*.

Coração de Jesus, no qual estão todos os tesouros da sabedoria e ciência, *tende piedade de nós*.

Coração de Jesus, no qual habita toda a plenitude da divindade, *tende piedade de nós*.

Coração de Jesus, no qual o Pai põe todas as suas complacências, *tende piedade de nós*.

Coração de Jesus, de cuja plenitude todos nós participamos, *tende piedade de nós*.

Coração de Jesus, desejado das colinas eternas, *tende piedade de nós*.

Coração de Jesus, paciente e de muita misericórdia, *tende piedade de nós*.

Coração de Jesus, rico para todos que vos invocam, *tende piedade de nós*.

Coração de Jesus, fonte de vida e santidade, *tende piedade de nós*.

Coração de Jesus, propiciação por nossos pecados, *tende piedade de nós*.

Coração de Jesus, saturado de opróbrios, *tende piedade de nós*.

Coração de Jesus, esmagado de dor por causa dos nossos pecados, *tende piedade de nós*.

Coração de Jesus, feito obediente até a morte, *tende piedade de nós*.

Coração de Jesus, transpassado pela lança, *tende piedade de nós*.

Coração de Jesus, fonte de toda consolação, *tende piedade de nós*.

Coração de Jesus, nossa vida e ressurreição, *tende piedade de nós*.

Coração de Jesus, nossa paz e reconciliação, *tende piedade de nós*.

Coração de Jesus, vítima dos pecadores, *tende piedade de nós*.

Coração de Jesus, salvação dos que em vós esperam, *tende piedade de nós*.

Coração de Jesus, esperança dos que morrem em vós, *tende piedade de nós*.

Coração de Jesus, delícias de todos os santos, *tende piedade de nós*.

Cordeiro de Deus, que tirais os pecados do mundo, *perdoai-nos, Senhor*.

Cordeiro de Deus, que tirais os pecados do mundo, *ouvi-nos, Senhor*.

Cordeiro de Deus, que tirais os pecados do mundo, *tende piedade de nós, Senhor*.

℣. Jesus, manso e humilde de coração,
℟. *Fazei o nosso coração semelhante ao vosso.*

Oremos.
Deus eterno e todo-poderoso, olhai para o Coração do vosso diletíssimo Filho e para os louvores e satisfações que Ele, em nome dos pecadores, vos tem tributado; e, deixando-vos aplacar, perdoai

aos que imploram a vossa misericórdia, em nome de vosso mesmo Filho, Jesus Cristo, que convosco vive e reina na unidade do Espírito Santo.
Amém.

Ladainha ao nome de Jesus

Senhor, tende piedade de nós.
Jesus Cristo, tende piedade de nós.
Senhor, tende piedade de nós.
Jesus Cristo, ouvi-nos.
Jesus Cristo, atendei-nos.

Pai celeste que sois Deus,
tende piedade de nós.
Filho, Redentor do mundo, que sois Deus,
tende piedade de nós.
Espírito Santo, que sois Deus,

tende piedade de nós.

Santíssima Trindade, que sois um só Deus,
tende piedade de nós.

Jesus, Filho de Deus vivo, tende piedade de nós.

Jesus, esplendor do Pai, tende piedade de nós.

Jesus, pureza da luz eterna, tende piedade de nós.

Jesus, Rei da glória, tende piedade de nós.

Jesus, sol da justiça, tende piedade de nós.

Jesus, Filho da Virgem Maria, tende piedade de nós.

Jesus amável, tende piedade de nós.

Jesus admirável, tende piedade de nós.

Jesus, Deus forte, tende piedade de nós.

Jesus, Pai do futuro do século, tende piedade de nós.

Jesus, Anjo do grande conselho, tende piedade de nós.

Jesus poderosíssimo, tende piedade de nós.

Jesus pacientíssimo, tende piedade de nós.

Jesus obedientíssimo, tende piedade de nós.

Jesus, brando e humilde de coração, tende piedade de nós.

Jesus, amante da castidade, tende piedade de nós.

Jesus, amador nosso, tende piedade de nós.

Jesus, Deus da paz, tende piedade de nós.

Jesus, autor da vida, tende piedade de nós.

Jesus, exemplar das virtudes, tende piedade de nós.

Jesus, zelador das almas, tende piedade de nós.

Jesus, nosso Deus, tende piedade de nós.

Jesus, nosso refúgio, tende piedade de nós.

Jesus, Pai dos pobres, tende piedade de nós.

Jesus, tesouro dos fiéis, tende piedade de nós.

Jesus, bom Pastor, tende piedade de nós.

Jesus, luz verdadeira, tende piedade de nós.

Jesus, sabedoria eterna, tende piedade de nós.

Jesus, bondade infinita, tende piedade de nós.

Jesus, nosso caminho e nossa vida, tende piedade de nós.

Jesus, alegria dos anjos, tende piedade de nós.

Jesus, Rei dos patriarcas, tende piedade de nós.

Jesus, Mestre dos apóstolos, tende piedade de nós.

Jesus, Doutor dos evangelistas, tende piedade de nós.

Jesus, fortaleza dos mártires, tende piedade de nós.
Jesus, luz dos confessores, tende piedade de nós.
Jesus, pureza das virgens, tende piedade de nós.
Jesus, coroa de todos os santos, tende piedade de nós.

Sede-nos propício; perdoai-nos, Jesus.
Sede-nos propício; ouvi-nos, Jesus.

De todo o mal, livrai-nos, Jesus.
De todo o pecado, livrai-nos, Jesus.
De vossa ira, livrai-nos, Jesus.
Das ciladas do demônio, livrai-nos, Jesus.

Do espírito da impureza, livrai-nos, Jesus.

De morte eterna, livrai-nos, Jesus.

Do desprezo das vossas inspirações, livrai-nos, Jesus.

Pelo mistério da vossa santa Encarnação, livrai-nos, Jesus.

Pela vossa natividade, livrai-nos, Jesus.

Pela vossa infância, livrai-nos, Jesus.

Pela vossa santíssima vida, livrai-nos, Jesus.

Pelos vossos trabalhos, livrai-nos, Jesus.

Pela vossa agonia e paixão, livrai-nos, Jesus.

Pela vossa cruz e desamparo, livrai-nos, Jesus.

Pelas vossas angústias, livrai-nos, Jesus.

Pela vossa morte e sepultura, livrai-nos, Jesus.

Pela vossa ressurreição, livrai-nos, Jesus.

Pela vossa ascensão, livrai-nos, Jesus.

Pela vossa instituição da Santíssima Eucaristia, livrai-nos, Jesus.

Pelas vossas alegrias, livrai-nos, Jesus.

Pela vossa glória, livrai-nos, Jesus.

Cordeiro de Deus, que tirais os pecados do mundo,
perdoai-nos, Jesus.

Cordeiro de Deus, que tirais os pecados do mundo,

ouvi-nos, Jesus.
Cordeiro de Deus, que tirais os pecados do mundo,
tende piedade de nós, Jesus.

Jesus, ouvi-nos.
Jesus, atendei-nos.

Oremos.
Senhor Jesus Cristo, que dissestes: "Pedi e recebereis; buscai e achareis; batei e abrir-se-vos-á", nós vos suplicamos que concedais a nós que vo-lo pedimos os sentimentos afetivos de vosso divino amor, a fim de que nós vos amemos de todo o coração e que esse amor transcenda por nossas ações, sem que deixemos de vos amar.

Permiti que tenhamos sempre, Senhor, um igual temor e amor pelo vosso santo nome; pois não deixais de governar aqueles que estabeleceis na firmeza do vosso amor. Vós que viveis e reinais pelos séculos dos séculos.
Amém.

Sequência pascal

Cantai, cristãos, afinal,
Salve ó vítima pascal!
Cordeiro inocente, o Cristo
Abriu-nos do Pai o aprisco.

Por toda ovelha imolado,
Do mundo lava o pecado.
Duelam forte e mais forte
É a vida que vence a morte.

O Rei da vida, cativo,
Foi morto, mas reina vivo!

Responde, pois, ó Maria:
No caminho o que havia?

Vi Cristo ressuscitado,
O túmulo abandonado,
Os anjos da cor do Sol
Dobrado no chão o lençol.

O Cristo que leva aos céus
Caminha à frente dos seus!
Ressuscitou, de verdade,
Ó Cristo Rei, piedade!

Alma de Cristo

Alma de Cristo, santificai-me.
Corpo de Cristo, salvai-me.
Sangue de Cristo, inebriai-me.
Água do lado de Cristo, lavai-me.
Paixão de Cristo, confortai-me.
Ó bom Jesus, ouvi-me.
Dentro das Vossas chagas, escondei-me.
Não permitais que eu me separe de Vós.
Do inimigo maligno defendei-me.
Na hora da minha morte, chamai-me.

Mandai-me ir para Vós,
Para que Vos louve com os Vossos Santos
Pelos séculos dos séculos.
Amém.

VIA-SACRA

I Estação — Jesus é condenado à morte

℣. Nós Vos adoramos e Vos bendizemos, Senhor Jesus.
℟. Porque pela Vossa santa Cruz remistes o mundo.

Pilatos, desejando agradar à multidão, soltou-lhe Barrabás; e, depois de mandar flagelar Jesus, entregou-O para ser crucificado.
(Mc 15, 15).

II Estação — Jesus toma
a cruz sobre os ombros

℣. Nós Vos adoramos e Vos bendizemos, Senhor Jesus.
℟. Porque pela Vossa santa Cruz remistes o mundo.

Depois de O terem escarnecido, tiraram-Lhe o manto, vestiram-Lhe as Suas roupas e levaram-No para ser crucificado. (Mt 27, 31)

III Estação — Jesus cai pela primeira vez

℣. Nós Vos adoramos e Vos bendizemos, Senhor Jesus.

℟. Porque pela Vossa santa Cruz remistes o mundo.

Vinde a Mim, todos os que estais cansados e oprimidos, que Eu hei-de aliviar-vos. Tomai sobre vós o Meu jugo e aprendei de Mim, porque sou manso e humilde de coração e encontrareis descanso para o vosso espírito. Pois o Meu jugo é suave e o Meu fardo é leve. (Mt 11, 28-30)

IV Estação — Jesus encontra sua Mãe

℣. Nós Vos adoramos e Vos bendizemos, Senhor Jesus.

℞. Porque pela Vossa santa Cruz remistes o mundo.

Aquele que fizer a vontade de Deus, esse é que é meu irmão, minha irmã e minha mãe. (Mc 3, 35)

V Estação — Jesus é ajudado por Simão

℣. Nós Vos adoramos e Vos bendizemos, Senhor Jesus.
℞. Porque pela Vossa santa Cruz remistes o mundo.

Jesus perguntou: Qual [...] te parece ter sido o próximo daquele

homem que caiu nas mãos dos salteadores?
Respondeu: O que usou de misericórdia para com ele.
Jesus retorquiu: Vai e faz tu também o mesmo. (Lc 10, 36-37)

VI Estação — A Verônica enxuga o rosto de Jesus

℣. Nós Vos adoramos e Vos bendizemos, Senhor Jesus.
℟. Porque pela Vossa santa Cruz remistes o mundo.

Ó vós todos que passais
pelo caminho,
olhai e vede

se existe dor igual
à dor que Me atormenta. (Lm 1, 12)

VII Estação — Jesus cai pela segunda vez

℣. Nós Vos adoramos e Vos bendizemos, Senhor Jesus.
℟. Porque pela Vossa santa Cruz remistes o mundo.

Se alguém quiser vir após Mim, negue-se a si mesmo, tome a sua cruz e siga-Me. Na verdade, quem quiser salvar a sua vida, há de perdê-la; mas, quem perder a sua vida por causa de Mim e do Evangelho, há de salvá-la. (Mc 8, 34-35)

VIII Estação — Jesus consola as piedosas mulheres

℣. Nós Vos adoramos e Vos bendizemos, Senhor Jesus.
℟. Porque pela Vossa santa Cruz remistes o mundo.

Jesus voltou-se para elas e disse-lhes: Filhas de Jerusalém, não choreis por Mim, chorai antes por vós mesmas e pelos vossos filhos. (Lc 23, 28)

IX Estação - Jesus cai pela terceira vez

℣. Nós Vos adoramos e Vos bendizemos, Senhor Jesus.

℟. Porque pela Vossa santa Cruz remistes o mundo.

E disse-lhes: "A Minha alma está numa tristeza mortal; ficai aqui e vigiai." (Mc 14, 34)

X Estação — Jesus é despojado das suas vestes

℣. Nós Vos adoramos e Vos bendizemos, Senhor Jesus.
℟. Porque pela Vossa santa Cruz remistes o mundo.

Assim se cumpriu a Escritura, que diz:
"Repartiram entre eles as minhas vestes
e sobre a minha túnica lançaram sortes." (Jo 19, 24)

XI Estação — Jesus é crucificado

℣. Nós Vos adoramos e Vos bendizemos, Senhor Jesus.
℟. Porque pela Vossa santa Cruz remistes o mundo.

Então, Jesus, ao ver ali ao pé a sua mãe e o discípulo que Ele amava, disse à mãe: "Mulher, eis o teu filho!"

Depois, disse ao discípulo: "Eis a tua mãe!" E, desde aquela hora, o discípulo acolheu-a como sua. (Jo 19, 26-27)

XII Estação — Jesus morre na Cruz

℣. Nós Vos adoramos e Vos bendizemos, Senhor Jesus.
℟. Porque pela Vossa santa Cruz remistes o mundo.

Dando um forte grito, Jesus exclamou: "Pai, nas Tuas mãos entrego o Meu espírito." Dito isso, expirou. (Lc 23, 46)

XIII Estação — Jesus é descido da Cruz e entregue à Virgem

℣. Nós Vos adoramos e Vos bendizemos, Senhor Jesus.
℟. Porque pela Vossa santa Cruz remistes o mundo.

Uma espada trespassará a tua alma. Assim hão de revelar-se os pensamentos de
muitos corações. (Lc 2, 25)

XIV Estação — Jesus é sepultado

℣. Nós Vos adoramos e Vos bendizemos, Senhor Jesus.

℟. Porque pela Vossa santa Cruz remistes o mundo.

José de Arimateia foi ter com Pilatos e pediu-lhe o corpo de Jesus. Descendo-O da cruz, envolveu-O num lençol e depositou-O num sepulcro talhado na
rocha, onde ainda ninguém tinha sido sepultado. (Lc 23, 52)

XV Estação — Jesus Ressuscita

℣. Nós Vos adoramos e Vos bendizemos, Senhor Jesus.
℟. Porque pela Vossa santa Cruz remistes o mundo.

Jesus disse [a Maria Madalena]: "Não Me detenhas, pois ainda não subi para o Pai; mas vai ter com os Meus irmãos e diz-lhes: 'Subo para o Meu Pai, que é vosso Pai, para o Meu Deus, que é vosso Deus.'" Maria Madalena foi e anunciou aos discípulos: "Vi o Senhor!" E contou o que Ele lhe tinha dito. (Jo 20, 17-18).

Orações e devoções ao Espírito Santo

Vinde, Espírito Criador

Ó, vinde, Espírito Criador,
as nossas almas visitai
e enchei os nossos corações
com vossos dons celestiais.

Vós sois chamado o Intercessor,
do Deus excelso o dom sem par,
a fonte viva, o fogo, o amor,
a unção divina e salutar.

Sois doador dos sete dons
e sois poder na mão do Pai,
por Ele prometido a nós,
por nós seus feitos proclamai.

A nossa mente iluminai,
os corações enchei de amor,
nossa fraqueza encorajai,
qual força eterna e protetor.

Nosso inimigo repeli,
e concedei-nos vossa paz;
se pela graça nos guiais,
o mal deixamos para trás.

Ao Pai e ao Filho Salvador
por vós possamos conhecer.
Que procedeis do seu amor
fazei-nos sempre firmes crer.
Amém.

Vinde, Espírito Santo

Vinde, Espírito Santo; enchei os corações dos vossos fiéis e acendei neles o fogo do Vosso Amor.
Enviai o Vosso Espírito, e tudo será criado, e renovareis a face da terra.

Oremos.
Ó Deus, que instruístes os corações dos vossos fiéis com a luz do Espírito Santo, fazei que apreciemos retamente todas as coisas segundo o mesmo Espírito e gozemos da

sua consolação. Por Cristo Senhor Nosso.
Amém.

Ladainha do Espírito Santo

Senhor, tende piedade de nós.
Jesus Cristo, tende piedade de nós.
Senhor, tende piedade de nós.

Divino Espírito Santo, ouvi-nos.
Espírito Paráclito, atendei-nos.

Deus Pai dos céus, tende piedade de nós.
Deus Filho, Redentor do mundo, tende piedade de nós.

Deus Espírito Santo, tende piedade de nós.

Santíssima Trindade, que sois um só Deus, tende piedade de nós.

Espírito da verdade, tende piedade de nós.

Espírito da sabedoria, tende piedade de nós.

Espírito da inteligência, tende piedade de nós.

Espírito da fortaleza, tende piedade de nós.

Espírito da piedade, tende piedade de nós.

Espírito do bom conselho, tende piedade de nós.

Espírito da ciência, tende piedade de nós.

Espírito do santo temor, tende piedade de nós.

Espírito da caridade, tende piedade de nós.

Espírito da alegria, tende piedade de nós.

Espírito da paz, tende piedade de nós.

Espírito das virtudes, tende piedade de nós.

Espírito de toda a graça, tende piedade de nós.

Espírito da adoção dos filhos de Deus, tende piedade de nós.

Purificador das nossas almas, tende piedade de nós.

Santificador e guia da Igreja Católica, tende piedade de nós.

Distribuidor dos dons celestes, tende piedade de nós.

Conhecedor dos pensamentos e das intenções do coração, tende piedade de nós.

Doçura dos que começam a vos servir, tende piedade de nós.

Coroa dos perfeitos, tende piedade de nós.

Alegria dos anjos, tende piedade de nós.

Luz dos patriarcas, tende piedade de nós.

Inspiração dos profetas, tende piedade de nós.

Palavra e sabedoria dos apóstolos, tende piedade de nós.

Vitória dos mártires, tende piedade de nós.

Ciência dos confessores, tende piedade de nós.
Pureza das virgens, tende piedade de nós.
Unção de todos os santos, tende piedade de nós.

Sede-nos propício, perdoai-nos, Senhor.
Sede-nos propício, atendei-nos, Senhor.

De todo o pecado livrai-nos, Senhor.
De todas as tentações e ciladas do demônio livrai-nos, Senhor.
De toda a presunção e desesperação livrai-nos, Senhor.

Do ataque à verdade conhecida livrai-nos, Senhor.

Da inveja da graça fraterna livrai-nos, Senhor.

De toda a obstinação e impenitência livrai-nos, Senhor.

De toda a negligência e tepor do espírito livrai-nos, Senhor.

De toda a impureza da mente e do corpo livrai-nos, Senhor.

De todas as heresias e erros livrai-nos, Senhor.

De todo o mau espírito livrai-nos, Senhor.

Da morte má e eterna livrai-nos, Senhor.

Pela vossa eterna procedência do Pai e do Filho, livrai-nos, Senhor.

Pela milagrosa conceição do Filho de Deus, livrai-nos, Senhor.
Pela vossa descida sobre Jesus Cristo batizado, livrai-nos, Senhor.
Pela vossa santa aparição na transfiguração do Senhor, livrai-nos, Senhor.
Pela vossa vinda sobre os discípulos do Senhor, livrai-nos, Senhor.
No dia do juízo, livrai-nos, Senhor.
Ainda que pecadores, nós vos rogamos, ouvi-nos.
Para que nos perdoeis, nós vos rogamos, ouvi-nos.
Para que vos digneis vivificar e santificar todos os membros da Igreja, nós vos rogamos, ouvi-nos.
Para que vos digneis conceder-nos o dom da verdadeira piedade, de-

voção e oração, nós vos rogamos, ouvi-nos.

Para que vos digneis inspirar-nos sinceros afetos de misericórdia e de caridade, nós vos rogamos, ouvi-nos.

Para que vos digneis criar em nós um espírito novo e um coração puro, nós vos rogamos, ouvi-nos.

Para que vos digneis conceder-nos verdadeira paz e tranquilidade do coração, nós vos rogamos, ouvi-nos.

Para que vos digneis fazer-nos dignos e fortes, para suportar as perseguições pela justiça, nós vos rogamos, ouvi-nos.

Para que vos digneis confirmar-nos em vossa graça, nós vos rogamos, ouvi-nos.

Para que vos digneis receber-nos no número dos vossos eleitos, nós vos rogamos, ouvi-nos.

Para que vos digneis ouvir-nos, nós vos rogamos, ouvi-nos.

Espírito de Deus, nós vos rogamos, ouvi-nos.

Cordeiro de Deus que tirais o pecado do mundo, enviai-nos o Espírito Santo.

Cordeiro de Deus que tirais o pecado do mundo, mandai-nos o Espírito prometido do Pai.

Cordeiro de Deus que tirais o pecado do mundo, dai-nos o Espírito bom.

Espírito Santo, ouvi-nos.
Espírito consolador, atendei-nos.
℣. Enviai, Senhor, o vosso Espírito, e tudo será criado,
℟. E renovareis a face da terra.

Oremos. Deus, que instruístes os corações dos vossos fiéis com a luz do Espírito Santo, fazei que apreciemos retamente todas as coisas segundo o mesmo Espírito e gozemos sempre da sua consolação. Por Cristo, nosso Senhor.
Amém.

Orações e devoções ao Santíssimo Sacramento

Eu vos adoro devotamente

Eu vos adoro devotamente, ó Divindade escondida,
Que verdadeiramente oculta-se sob estas aparências,
A Vós, meu coração submete-se todo por inteiro,
Porque, vos contemplando, tudo desfalece.

A vista, o tato, o gosto falham com relação a Vós
Mas somente em vos ouvir em tudo creio.

Creio em tudo aquilo que disse o
Filho de Deus,
Nada mais verdadeiro que esta Palavra de Verdade.

Na cruz, estava oculta somente a
vossa Divindade,
Mas, aqui, oculta-se também a
vossa Humanidade.
Eu, contudo, crendo e
professando ambas,
Peço aquilo que pediu o ladrão
arrependido.

Não vejo, como Tomé, as vossas
chagas.
Entretanto, vos confesso, meu Senhor e meu Deus.

Faça que eu sempre creia mais em Vós,
Em vós espere e vos ame.

Ó memorial da morte do Senhor,
Pão vivo que dá vida aos homens,
Faça que minha alma viva de Vós,
E que a ela seja sempre doce este saber.

Senhor Jesus, bondoso pelicano,
Lava-me, eu que sou imundo, em teu sangue.
Pois que uma única gota faz salvar
Todo o mundo e apagar todo pecado.

Ó Jesus, que velado agora vejo,

Peço que se realize aquilo que tanto desejo.
Que eu veja claramente vossa face revelada.
Que eu seja feliz contemplando a vossa glória.
Amém.

Reparação ao Santíssimo Sacramento

Divino Salvador Jesus, dignai-Vos baixar um olhar de misericórdia sobre Vossos filhos que, reunidos em um mesmo pensamento de fé, reparação e amor, vêm chorar a Vossos pés suas infidelidades e a de seus irmãos, os pobres pecadores. Possamos nós, pelas promessas unânimes e solenes que vamos fazer, tocar o Vosso divino coração e Dele alcançar misericórdia para o mundo infeliz e criminoso e para todos aqueles que não têm a felicidade de Vos amar!

Daqui por diante, sim, todos nós Vo-Lo prometemos:

Do esquecimento e da ingratidão dos homens nós Vos consolaremos, Senhor!

Do abandono em que sois deixado no santo tabernáculo nós Vos consolaremos, Senhor!

Dos crimes dos pecadores nós Vos consolaremos, Senhor!

Do ódio dos ímpios nós Vos consolaremos, Senhor!

Das blasfêmias que se proferem contra Vós nós Vos consolaremos, Senhor!

Das injúrias feitas à Vossa divindade nós Vos consolaremos, Senhor!

Dos sacrilégios com que se profana o Vosso Sacramento do amor nós Vos consolaremos, Senhor!

Das imodéstias e irreverências cometidas em Vossa presença adorável nós Vos consolaremos, Senhor!

Da tibieza do maior número dos Vossos filhos nós Vos consolaremos, Senhor!

Do desprezo que se faz a Vossos convites cheios de amor nós Vos consolaremos, Senhor!

Das infidelidades daqueles que se dizem Vossos amigos nós Vos consolaremos, Senhor!

Do abuso das Vossas graças nós Vos consolaremos, Senhor!

Das nossas próprias infidelidades nós Vos consolaremos, Senhor!

Da incompreensível dureza do nosso coração nós Vos consolaremos, Senhor!

Da nossa longa demora em Vos amar nós Vos consolaremos, Senhor!

Da nossa frouxidão em Vosso santo serviço nós Vos consolaremos, Senhor!

Da amarga tristeza em que sois abismado pela perda das almas nós Vos consolaremos, Senhor!

Do Vosso longo bater às portas do nosso coração nós Vos consolaremos, Senhor!

Das amargas repulsas de que sois saciado nós Vos consolaremos, Senhor!
Dos Vossos suspiros de amor nós Vos consolaremos, Senhor!
Das Vossas lágrimas de amor nós Vos consolaremos, Senhor!
Do Vosso cativeiro de amor nós Vos consolaremos, Senhor!
Do Vosso martírio de amor nós Vos consolaremos, Senhor!

Tão sublime sacramento

Tão sublime Sacramento
Adoremos neste Altar,
Pois o Antigo Testamento
Deu ao Novo seu lugar.
Venha a fé por suplemento
Os sentidos completar.
Ao Eterno Pai cantemos,
E a Jesus, o Salvador;
Ao Espírito exaltemos,
Na Trindade, eterno Amor:
Ao Deus Uno e Trino demos
A alegria do louvor.
Amém.

Orações e devoções à Virgem Maria

ÂNGELUS:
ORAÇÃO DO MEIO-DIA

℣. O Anjo do Senhor anunciou a Maria.
℟. E ela concebeu do Espírito Santo.

Ave-Maria.

℣. Eis aqui a serva do Senhor.
℟. Faça-se em mim segundo a vossa Palavra.

Ave-Maria.

℣. E o Verbo se fez carne.
℟. E habitou entre nós.

Ave-Maria.

℣. Rogai por nós, Santa Mãe de Deus.
℟. Para que sejamos dignos das promessas de Cristo.

Oremos.
Infundi, Senhor, em nossos corações a vossa graça, vo-lo suplicamos, a fim de que, conhecendo a anunciação do Anjo e a encarnação de Jesus Cristo, vosso Filho, pelos merecimentos de sua paixão

e morte cheguemos à glória da ressurreição.
Pelo mesmo Cristo Senhor Nosso.
℟. Amém.

Regina caeli: oração do meio-dia (tempo pascal)

℣. Rainha do céu, alegrai-vos! Aleluia!
℟. Porque quem merecestes trazer em vosso seio. Aleluia!

℣. Ressuscitou como disse! Aleluia!
℟. Rogai a Deus por nós! Aleluia!

℣. Exultai e alegrai-Vos, ó Virgem Maria! Aleluia!
℟. Porque o Senhor ressuscitou verdadeiramente! Aleluia!

Oremos:
Ó Deus, que Vos dignastes alegrar o mundo com a Ressurreição do Vosso Filho Jesus Cristo, Senhor Nosso, concedei-nos, Vos suplicamos, que por sua Mãe, a Virgem Maria, alcancemos as alegrias da vida eterna. Por Cristo, Senhor Nosso.
℟. Amém!

Salve-rainha

Salve, Rainha, Mãe de misericórdia,
vida, doçura, esperança nossa, salve!
A Vós bradamos, os degredados filhos de Eva.
A Vós suspiramos, gemendo e chorando neste vale de lágrimas.
Eia, pois, advogada nossa,
esses vossos olhos misericordiosos a nós volvei,
e, depois deste desterro, mostrai-nos Jesus,
bendito fruto do vosso ventre.

Ó clemente, ó piedosa, ó doce sempre Virgem Maria.

Rogai por nós, Santa Mãe de Deus,
Para que sejamos dignos das promessas de Cristo.
Amém.

MAGNIFICAT

A minha alma glorifica o Senhor,
e o meu espírito se alegra em Deus, meu Salvador.
Porque pôs os olhos na humildade da sua serva:
de hoje em diante me chamarão bem-aventurada todas as gerações.
O Todo-Poderoso fez em mim maravilhas:
Santo é o seu nome.
A Sua misericórdia se estende de geração em geração
sobre aqueles que O temem.

Manifestou o poder do Seu braço
e dispersou os soberbos.
Derrubou os poderosos de seus
tronos e exaltou os humildes.
Aos famintos encheu de bens
e aos ricos despediu de mãos vazias.
Acolheu Israel seu servo,
lembrado da sua misericórdia,
como tinha prometido a nossos
pais,
a Abraão e à sua descendência
para sempre.
Glória ao Pai e ao Filho
e ao Espírito Santo.
Como era no princípio, agora e
sempre.
Amém.

À VOSSA PROTEÇÃO

À Vossa Proteção recorremos, Santa Mãe de Deus.
Não desprezeis as nossas súplicas em nossas necessidades,
mas livrai-nos sempre de todos os perigos,
ó Virgem gloriosa e bendita.

LEMBRAI-VOS

Lembrai-Vos, ó piíssima Virgem Maria,
de que nunca se ouviu dizer que algum daqueles
que tivesse recorrido à vossa proteção,
implorado a vossa assistência,
reclamado o vosso socorro,
fosse por Vós abandonado.
Animado eu, pois, com igual confiança,
a vós, Virgem das virgens,
como a Mãe recorro,
de Vós me valho

e, gemendo sob o peso dos meus pecados,
me prostro a vossos pés.
Não desprezeis as minhas súplicas,
ó Mãe do Verbo de Deus humanado,
mas dignai-Vos de as ouvir propícia
e de me alcançar o que Vos rogo.
Amém.

AVE, DO MAR ESTRELA

Ave, do mar Estrela
De Deus mãe bela,
Sempre virgem, da morada
Celeste Feliz entrada.

Ó tu que ouviste da boca
Do anjo a saudação,
Dá-nos a paz e quietação;
E o nome da Eva troca.

As prisões aos réus desata.
E a nós cegos alumia;
De tudo que nos maltrata
Nos livra, o bem nos granjeia.

Ostenta que és mãe, fazendo
Que os rogos do povo seu
Ouça aquele que, nascendo
Por nós, quis ser filho teu.

Ó virgem especiosa,
Toda cheia de ternura,
Extintos nossos pecados
Dá-nos pureza e bravura,

Dá-nos uma vida pura,
Põe-nos em vida segura,
Para que a Jesus gozemos
E sempre nos alegremos.

A Deus Pai veneremos;
A Jesus Cristo também
E ao Espírito Santo; demos
Aos três um louvor: Amém.

Consagração

Ó minha Senhora, ó minha Mãe, eu me ofereço todo a Vós, e em prova de minha devoção para convosco, eu vos consagro neste dia meus olhos, meus ouvidos, minha boca, meu coração e inteiramente todo o meu ser. E como assim sou vosso, ó incomparável Mãe, guardai-me e defendei-me como coisa e propriedade vossa. Amém.

Ladainha de Loreto

Senhor, tende piedade de nós.
Cristo, tende piedade de nós.
Senhor, tende piedade de nós.

Cristo, ouvi-nos.
Cristo, atendei-nos.

Deus Pai do céu, tende piedade de nós.
Deus Filho, Redentor do mundo, tende piedade de nós.

Deus Espírito Santo, tende piedade de nós.

Santíssima Trindade, que sois um só Deus, tende piedade de nós.

Santa Maria, rogai por nós.

Santa Mãe de Deus, rogai por nós.

Santa Virgem das virgens, rogai por nós.

Mãe de Cristo, rogai por nós.

Mãe da Igreja, rogai por nós.

Mãe de misericórdia, rogai por nós.

Mãe da divina graça, rogai por nós.

Mãe da esperança, rogai por nós.

Mãe puríssima, rogai por nós.

Mãe castíssima, rogai por nós.

Mãe sempre virgem, rogai por nós.

Mãe imaculada, rogai por nós.

Mãe digna de amor, rogai por nós.

Mãe admirável, rogai por nós.
Mãe do bom conselho, rogai por nós.
Mãe do Criador, rogai por nós.
Mãe do Salvador, rogai por nós.
Virgem prudentíssima, rogai por nós.
Virgem venerável, rogai por nós.
Virgem louvável, rogai por nós.
Virgem poderosa, rogai por nós.
Virgem clemente, rogai por nós.
Virgem fiel, rogai por nós.
Espelho de perfeição, rogai por nós.
Sede da Sabedoria, rogai por nós.
Fonte de nossa alegria, rogai por nós.
Vaso espiritual, rogai por nós.

Tabernáculo da eterna glória, rogai por nós.
Moradia consagrada a Deus, rogai por nós.
Rosa mística, rogai por nós.
Torre de Davi, rogai por nós.
Torre de marfim, rogai por nós.
Casa de ouro, rogai por nós.
Arca da aliança, rogai por nós.
Porta do céu, rogai por nós.
Estrela da manhã, rogai por nós.
Saúde dos enfermos, rogai por nós.
Refúgio dos pecadores, rogai por nós.
Socorro dos migrantes, rogai por nós.
Consoladora dos aflitos, rogai por nós.
Auxílio dos cristãos, rogai por nós.

Rainha dos Anjos, rogai por nós.
Rainha dos Patriarcas, rogai
por nós.
Rainha dos Profetas, rogai por nós.
Rainha dos Apóstolos, rogai
por nós.
Rainha dos Mártires, rogai
por nós.
Rainha dos confessores da fé, rogai
por nós.
Rainha das Virgens, rogai por nós.
Rainha de todos os Santos, rogai
por nós.
Rainha concebida sem pecado original, rogai por nós.
Rainha assunta ao céu, rogai
por nós.
Rainha do santo Rosário, rogai
por nós.

Rainha da paz, rogai por nós.

Cordeiro de Deus, que tirais os pecados do mundo, perdoai-nos, Senhor.

Cordeiro de Deus, que tirais os pecados do mundo, ouvi-nos, Senhor.

Cordeiro de Deus, que tirais os pecados do mundo, tende piedade de nós.

Rogai por nós, santa Mãe de Deus.

Para que sejamos dignos das promessas de Cristo.

Mistérios do Santo Rosário

Mistérios gozosos
(Segundas-feiras e sábados)

A anunciação do Anjo à Virgem Maria.
A visita de Maria a Santa Isabel.
O nascimento de Jesus em Belém.
A apresentação de Jesus no Templo.
A perda e encontro de Jesus no Templo.

Mistérios luminosos
(Quintas-feiras)

O batismo de Jesus no Jordão.
A autorrevelação de Jesus nas bodas de Caná.
O anúncio do Reino e o convite à conversão.
A transfiguração de Jesus no Tabor.
A instituição da Eucaristia.

Mistérios dolorosos
(Terças-feiras e sextas-feiras)

Agonia de Jesus no Horto das Oliveiras.
Flagelação de Jesus, preso à coluna.
Coroação de espinhos.
Jesus carrega a cruz a caminho do Calvário.
Jesus é crucificado e morre na Cruz.

Mistérios gloriosos
(Quartas-feiras e domingos)

A ressurreição de Jesus.
A ascensão de Jesus ao céu.
A descida do Espírito Santo.
A assunção da Santíssima Virgem ao céu.
A coroação de Nossa Senhora como Rainha do céu e da terra.

Orações e devoções a São José

Oração a São José

Ó São José, cuja proteção é tão grande, tão forte e tão imediata diante do trono de Deus,
a vós confio todas as minhas intenções e desejos.
Ajudai-me, São José, com a vossa poderosa intercessão,
a obter todas as bênçãos espirituais por intercessão do vosso Filho adotivo, Jesus Cristo Nosso Senhor,
de modo que, ao confiar-me, aqui na terra, ao vosso poder celestial,

vos tribute o meu agradecimento e homenagem.

Ó São José, eu nunca me canso de contemplar-vos com Jesus adormecido nos vossos braços. Não ouso aproximar-me enquanto Ele repousa junto do vosso coração. Abraçai-O em meu nome, beijai por mim o seu delicado rosto e pedi-Lhe que me devolva esse beijo quando eu exalar o meu último suspiro.

São José, padroeiro das almas que partem, rogai por mim!

Amém.

Oração pelo trabalho

Glorioso São José, modelo de todos os que se dedicam ao trabalho, obtendo-nos do Criador do universo a graça de trabalhar com consciência, cumprindo com fidelidade nosso dever de trabalhar com reconhecimento e alegria, julgando uma honra empregar e desenvolver, pelo trabalho, as qualidades recebidas de Deus como um chamado divino para colaborar na obra da criação e aperfeiçoamento deste mundo. A graça de trabalhar com ordem, paz, moderação, paciência e eficiência, sem nunca recuar perante o cansaço e as dificuldades; de trabalhar em espírito de penitência para expiar nossos pecados; de trabalhar, sobretudo, com desapego e dedicação pelos que dependem de nosso esforço.

Pedimos vossa intercessão pelo mundo do trabalho, a fim de que aí reine o espírito cristão de justiça e paz, conforme os ensinamentos da Igreja; que os trabalhadores se unam em organizações que defendam os seus direitos e respeitem os alheios; que patrões e empregados se tratem mutuamente como irmãos e filhos do mesmo Pai, que se convertam os que ignoram a dignidade da pessoa humana e exploram o operário e o pobre.

Convosco, São José, agradecemos a Deus a saúde, a força, a disposição e as habilidades que nos permitem providenciar o sustento de nossos familiares e ser membros úteis da sociedade. Tudo para Jesus, tudo por Maria, tudo à vossa imitação, ó patriarca São José! Tal será nossa inspiração na vida e na morte. Amém.

Ladainha de São José

Senhor, tende piedade de nós.
Jesus Cristo, tende piedade de nós.
Senhor, tende piedade de nós.

Jesus Cristo, ouvi-nos.
Jesus Cristo, atendei-nos.

Deus, Pai dos Céus, tende piedade de nós.
Deus Filho, Redentor do mundo, tende piedade de nós.

Deus Espírito Santo, tende piedade de nós.
Santíssima Trindade, que sois um só Deus, tende piedade de nós.

Santa Maria, rogai por nós.
São José, rogai por nós.
Ilustre filho de David, rogai por nós.
Luz dos Patriarcas, rogai por nós.
Esposo da Mãe de Deus, rogai por nós.
Casto guarda da Virgem, rogai por nós.
Sustentador do Filho de Deus, rogai por nós.
Zeloso defensor de Jesus Cristo, rogai por nós.

Chefe da Sagrada Família, rogai por nós.
José justíssimo, rogai por nós.
José castíssimo, rogai por nós.
José prudentíssimo, rogai por nós.
José fortíssimo, rogai por nós.
José obedientíssimo, rogai por nós.
José fidelíssimo, rogai por nós.
Espelho de paciência, rogai por nós.
Amante da pobreza, rogai por nós.
Modelo dos operários, rogai por nós.
Honra da vida de família, rogai por nós.
Guarda das virgens, rogai por nós.
Sustentáculo das famílias, rogai por nós.

Alívio dos miseráveis, rogai por nós.

Esperança dos doentes, rogai por nós.

Patrono dos moribundos, rogai por nós.

Terror dos demônios, rogai por nós.

Protetor da Santa Igreja, rogai por nós.

Cordeiro de Deus, que tirais os pecados do mundo, perdoai-nos, Senhor.

Cordeiro de Deus, que tirais os pecados do mundo, atendei-nos, Senhor.

Cordeiro de Deus, que tirais os pecados do mundo, tende piedade de nós.

℣. Ele constituiu-o senhor da sua casa.
℟. E fê-lo príncipe de todos os seus bens.

Oremos.
Ó Deus, que por inefável providência Vos dignastes escolher São José por esposo de vossa Mãe Santíssima; concedei-nos, Vo-lo pedimos, que mereçamos ter por intercessor no Céu aquele que veneramos na Terra como protetor. Vós que viveis e reinais por todos os séculos dos séculos. Amém.

Orações e devoções diversas

Confiteor

Confesso a Deus todo-poderoso
e a vós, irmãos,
que pequei muitas vezes por pensamentos e palavras,
atos e omissões,
por minha culpa, minha tão grande culpa.
E peço à Virgem Maria,
aos anjos e santos,
e a vós, irmãos,
que rogueis por mim a Deus Nosso Senhor.

Oração a São Miguel Arcanjo

São Miguel Arcanjo, defendei-nos no combate. Sede o nosso refúgio contra as maldades e ciladas do demônio. Que Deus manifeste o seu poder sobre ele. Eis a nossa humilde súplica.

E vós, Príncipe da Milícia Celeste, com o poder que Deus vos conferiu, precipitai no inferno Satanás e os outros espíritos malignos, que andam pelo mundo tentando as almas.

Amém.

LADAINHA DA HUMILDADE

Jesus, manso e humilde de coração, ouvi-me.

Do desejo de ser estimado livrai-me, ó Jesus.

Do desejo de ser amado livrai-me, ó Jesus.

Do desejo de ser conhecido livrai-me, ó Jesus.

Do desejo de ser honrado livrai-me, ó Jesus.

Do desejo de ser louvado livrai-me, ó Jesus.

Do desejo de ser preferido livrai-me, ó Jesus.

Do desejo de ser consultado livrai-
-me, ó Jesus.
Do desejo de ser aprovado livrai-
-me, ó Jesus.

Do receio de ser humilhado livrai-
-me, ó Jesus.
Do receio de ser desprezado livrai-
-me, ó Jesus.
Do receio de sofrer repulsas livrai-
-me, ó Jesus.
Do receio de ser caluniado livrai-
-me, ó Jesus.
Do receio de ser esquecido livrai-
-me, ó Jesus.
Do receio de ser ridicularizado
livrai-me, ó Jesus.
Do receio de ser infamado livrai-
-me, ó Jesus.

Do receio de ser objeto de suspeita livrai-me, ó Jesus.

Que os outros sejam amados mais do que eu, Jesus, dai-me a graça de desejá-lo.
Que os outros sejam estimados mais do que eu, Jesus, dai-me a graça de desejá-lo.
Que os outros possam elevar-se na opinião do mundo e que eu possa ser diminuído, Jesus, dai-me a graça de desejá-lo.
Que os outros possam ser escolhidos e eu posto de lado, Jesus, dai-me a graça de desejá-lo.
Que os outros possam ser louvados e eu desprezado, Jesus, dai-me a graça de desejá-lo.

Que os outros possam ser preferidos a mim em todas as coisas, Jesus, dai-me a graça de desejá-lo. Que os outros possam ser mais santos do que eu, embora me torne o mais santo quanto me for possível, Jesus, dai-me a graça de desejá-lo.

Oração de São Francisco

Senhor,
Fazei de mim um instrumento de vossa Paz.
Onde houver Ódio, que eu leve o Amor,
Onde houver Ofensa, que eu leve o Perdão.
Onde houver Discórdia, que eu leve a União.
Onde houver Dúvida, que eu leve a Fé.
Onde houver Erro, que eu leve a Verdade.

Onde houver Desespero, que eu leve a Esperança.
Onde houver Tristeza, que eu leve a Alegria.
Onde houver Trevas, que eu leve a Luz!
Ó Mestre,
fazei que eu procure mais:
consolar, que ser consolado;
compreender, que ser compreendido;
amar, que ser amado.
Pois é dando que se recebe.
Perdoando que se é perdoado e
é morrendo que se vive para a vida eterna!
Amém.

Aceitação da morte

Meu Deus e meu Pai, Senhor da vida e da morte, que, para justo castigo das nossas culpas, com um decreto imutável determinastes que todos os homens haviam de morrer, olhai para mim, aqui prostrado diante de Vós. Detesto de todo o coração as minhas culpas passadas, pelas quais mereci mil vezes a morte, que aceito agora com o fim de expiá-las e para obedecer à Vossa amável vontade. De bom grado morrerei, Senhor, no momento, no lugar e do modo que Vós quiserdes, e aproveitarei até esse instante os dias que me restem de vida para lutar contra os meus defeitos e aumentar o meu amor por Vós, para quebrar os laços que atam o meu coração às criaturas e preparar a minha alma para comparecer à Vossa presença; e desde agora me abandono sem reservas nos braços da Vossa paternal Providência.

Salmo 22

O Senhor é meu pastor, nada me faltará.
Em verdes prados me faz repousar,
conduz-me junto às águas refrescantes.

Restaura as forças de minha alma,
pelos caminhos retos Ele me leva,
por amor do seu nome.

Ainda que eu atravesse o vale tenebroso,

não temerei mal algum, porque Vós estais comigo.
Vosso bordão e vosso báculo são o meu amparo.

Preparais para mim a mesa à vista de meus inimigos.
Derramais o perfume sobre a minha cabeça,
transborda a minha taça.

A vossa bondade e misericórdia hão de seguir-me
por todos os dias da minha vida.
E habitarei na casa do Senhor, por longos dias.

Salmo 50

Tende piedade de mim, ó Deus, segundo a vossa infinita misericórdia. E segundo a grandeza da vossa clemência, apagai os traços da minha falta.

Lavai-me de toda a minha iniquidade; purificai-me do meu pecado. Porque reconheço a minha maldade e tenho sempre o meu pecado diante de mim.

Só contra Vós pequei, e fiz o mal diante dos Vossos olhos. Assim é justa a Vossa sentença e reto o

Vosso juízo. Porque reconheço ter sido dado à luz na iniquidade, e em pecado me concebeu a minha mãe.

Porque amais a sinceridade de coração, implantai a sabedoria no íntimo de minha alma. Aspergi-me com o hissopo e serei purificado; lavai-me, e ficarei mais branco que a neve.

Possa eu ouvir de Vós uma palavra de gozo e de alegria, e exultarão meus ossos que triturastes! Desviai a vossa face de meus pecados e apagai todas as minhas iniquidades.

Criai em mim, ó Deus, um coração puro; e renovai em meu íntimo um espírito firme. Não me afasteis da Vossa presença, nem me retireis o Vosso espírito de santidade. Restituí-me a alegria do vosso salutar auxílio; e fortalecei-me com um espírito generoso.

Ensinarei as Vossas veredas aos maus, e os pecadores voltarão a Vós. Livrai-me do sangue derramado, ó Deus, meu Salvador; possa minha língua aclamar a Vossa benignidade.

Senhor, abri os meus lábios, e a minha boca proclamará os Vossos louvores. Porque se quisésseis um sacrifício, eu Vo-lo teria oferecido; mas os holocaustos não Vos agradam.

O sacrifício mais agradável a Deus é o espírito vencido pela dor; não desprezareis, ó Deus, um coração contrito e humilhado. Em Vossa bondade, Senhor, sede benigno a Sião, para que se reedifiquem os muros de Jerusalém.

Então aceitareis os justos sacrifícios, as oblações e os holocaustos; e Vos oferecerão vítimas sobre o vosso altar.

Salmo 150

Louvai o Senhor no seu santuário, louvai-O no seu augusto firmamento.

Louvai-O por suas obras grandiosas, louvai-O por sua excelsa majestade.

Louvai-O ao som da trombeta, louvai-O com o saltério e a cítara.

Louvai-O com tímpanos e danças, louvai-O com a harpa e a flauta.

Louvai-O com címbalos sonoros, louvai-O com címbalos de júbilo. Tudo o que respira louve o Senhor.

Resumo da doutrina cristã

Os Dez Mandamentos

1. Amar a Deus sobre todas as coisas.
2. Não tomar seu santo nome em vão.
3. Guardar os domingos e festas.
4. Honrar pai e mãe.
5. Não matar.
6. Não pecar contra a castidade.
7. Não furtar.
8. Não levantar falso testemunho.
9. Não desejar a mulher do próximo.
10. Não cobiçar as coisas alheias.

Os mandamentos da Igreja

1. Ouvir Missa inteira aos domingos e festas de guarda.
2. Confessar ao menos uma vez por ano os pecados mortais.
3. Comungar ao menos pela Páscoa da Ressurreição.
4. Jejuar e abster-se de carne quando manda a Santa Madre Igreja.
5. Pagar dízimos conforme o costume.

As bem-aventuranças

1. Bem-aventurados os pobres em espírito, porque deles é o reino dos céus.
2. Bem-aventurados os mansos, porque herdarão a terra.
3. Bem-aventurados os que choram, porque serão consolados.
4. Bem-aventurados os que têm fome e sede de justiça, porque serão saciados.
5. Bem-aventurados os misericordiosos, porque alcançarão misericórdia.

6. Bem-aventurados os puros de coração, porque verão a Deus.

7. Bem-aventurados os pacíficos, porque serão chamados filhos de Deus.

8. Bem-aventurados os que sofrem perseguição por amor da justiça, porque deles é o reino dos Céus.

Obras de misericórdia

Obras de misericórdia corporais
1. Dar de comer a quem tem fome.
2. Dar de beber a quem tem sede.
3. Vestir os nus.
4. Dar pousada aos peregrinos.
5. Visitar os enfermos e encarcerados.
6. Remir os cativos.
7. Enterrar os mortos.

Obras de misericórdia espirituais
1. Dar bom conselho.
2. Ensinar os ignorantes.
3. Corrigir os que erram.

4. Consolar os aflitos.
5. Perdoar as injúrias.
6. Sofrer com paciência as fraquezas do próximo.
7. Rogar a Deus pelos vivos e defuntos.

Os sete sacramentos

1. Batismo.
2. Confirmação ou Crisma.
3. Eucaristia.
4. Penitência ou Confissão.
5. Unção dos enfermos.
6. Ordem.
7. Matrimônio.

Os dons e frutos do Espírito Santo

Dons do Espírito Santo
1. Sabedoria.
2. Entendimento.
3. Conselho.
4. Fortaleza.
5. Ciência.
6. Piedade.
7. Temor de Deus.

Frutos do Espírito Santo
Caridade.
Gozo.
Paz.

Paciência.
Benignidade.
Longanimidade.
Mansidão.
Fé.
Modéstia.
Continência.
Castidade.

Os pecados capitais e as virtudes opostas

Soberba – humildade.
Avareza – liberalidade.
Luxúria – castidade.
Ira – paciência.
Gula – temperança.
Inveja – caridade.
Preguiça – diligência.

Pecados contra o Espírito Santo

1. Desesperação da salvação.
2. Presunção de se salvar sem merecimento.
3. Contradizer a verdade conhecida como verdade.
4. Ter inveja dos dons e graças que Deus concede aos outros.
5. Obstinação no pecado.
6. Impenitência final.

Pecados que clamam ao céu

1. Homicídio voluntário.
2. Pecado sensual contra a natureza.
3. Opressão dos pobres.
4. Não pagar o salário a quem trabalha.

Direção editorial
Daniele Cajueiro

Editor responsável
Hugo Langone

Produção editorial
Adriana Torres
Laiane Flores
Daniel Dargains

Revisão
Alvanísio Damasceno

Diagramação
Elza Ramos

Este livro foi impresso em 2021
para a Petra.